LEA AUBERT

HOROSKOP
DER LIEBE

AF285710

STERNZEICHEN

ZWILLINGE

Ausgabe 2014
Umschlaggestaltung: Allen Lee
Titelabbildungen: aus Bildern von dreamstime.com
Herstellung und Verlag: Books on Demand GmbH, Norderstedt
Printed in Germany

ISBN 9783839121528

Inhalt

Das Sternbild der Zwillinge

Gemini

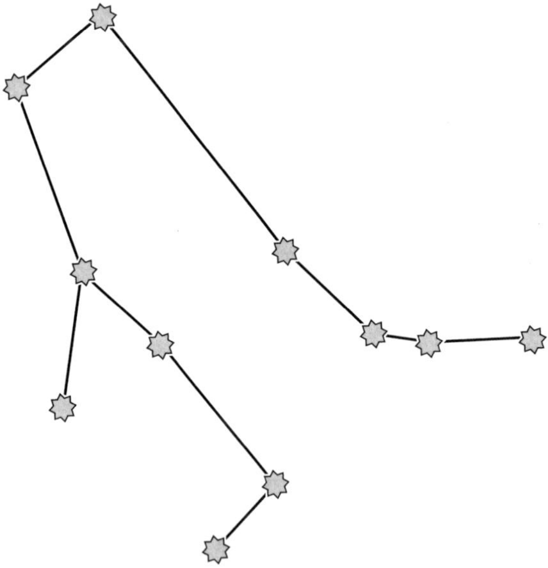

Die Sage der Zwillinge

Die griechische Mythologie erzählt von Polydeukes und Kastor. Beide waren unzertrennliche Zwillingsbrüder. Die Söhne hatten aber unterschiedliche Väter. Mutter Leda hatte Polydeukes von Zeus empfangen, der ihre Zuneigung in Verwandlung eines Schwans erschlichen hatte. Kastor war hingegen ein Abkömmling eines Sterblichen – ihres Ehemanns Tyndareus, König von Sparta.

Polydeukes war durch göttliche Zeugung unsterblich, während sein Bruder sterblich war. Im Sagenkreis der Argonauten schließen sich die beiden Zwillingsbrüder Jason an und suchen zusammen mit ihren Weggefährten das goldene Vlies. Als es unter den Abenteurern zu einem heftigen Streit kommt, kämpfen die Zwillingsbrüder Lynekeus und Idas gegen das Brüderpaar. Der Kampf endete tragisch: Als einziger Überlebender ging der übermenschliche Polydeukes aus der Auseinandersetzung hervor. Ihm war das Sterben trotz starker Verwundungen nicht möglich. Aus Liebe zu seinem Zwillingsbruder bat er Zeus darum, Kastor an seiner Unsterblichkeit teilhaben zu lassen, Zeus stimmte dem Vorschlag zu und die Zwillinge verleben nun ihre Tage abwechselnd im Hades und auf dem Berg der Götter, dem Olymp. Am Himmel sind sie seitdem als Sternbild zu sehen.

Die Zwillinge-Frau

Die Zwillinge-Frau lebt ein Leben der Veränderung. Sie mag keinen Stillstand. Führt sie eine Ehe, wird sie immer versuchen, neuen Schwung in ihr Leben zu bringen. Das können dann ungewöhnliche Urlaube, ehrenamtliche Engagements oder auch die schnelle Aufnahme der Berufstätigkeit nach der Kinderpause sein. Nichts liegt ihr ferner, als in festgefahrenen Rollen zu leben. Macht ihr Partner diese Veränderungen nicht mit und ist eher träger Natur, kann sie sehr ungeduldig und unglücklich werden. Im Ernstfall sucht sie sich einen anderen Partner, der flexibler auf ihre Neigungen reagiert.

Ihrem Grundcharakter entspricht es, viele Dinge gleichzeitig anzupacken. Leider schafft sie es nicht immer, den Überblick über die gestarteten Projekte zu behalten, so dass einige davon ohne Abschluss beendet werden. Sie gehört zu den Personen, die eine Ausbildung oder ein Studium abbrechen, weil ihnen auf einmal alles sinnlos erscheint – inzwischen liegt ihr Interesse nämlich auf ganz anderem Gebiet. Ihre Eltern kann sie mit dieser Art in den Wahnsinn treiben, da sie recht lange braucht, um auf eigenen Füßen zu stehen.

Diese Schwäche ist ihr natürlich von Kindheit an bewusst. Und sie hadert beständig mit sich, wenn sie ein Projekt nicht beendet hat. Leider kann sie sich selbst nur selten dazu zwingen, etwas Ungeliebtes gegen ihren Willen zum erfolgreichen Ende zu bringen.

Ihre Stärke liegt auf kreativem Gebiet. Sie wird schnell erkennen, dass sie hier tausende Dinge gleichzeitig hervorbringen kann, um sie dann schnell wieder zu verwerfen. Nie hängt sie ihr Herz an eine einzige Sache. Schaut sie später auf ihr Leben zurück, wird sie erkennen, dass kaum jemand so ein breites Spektrum an unterschiedlichen Ideen hatte wie sie. Oft nimmt sie dann im Rückblick noch einmal unvollendete Arbeiten auf.

Die im Sternzeichen der Zwillinge geborene Frau ist eine gute Zuhörerin. Sie täuscht kein Interesse vor wenn sie sich unterhält. Gerne gibt sie ihre Meinung ab, auch wenn das nicht immer gerne gehört wird. Sie ist geistig fit und spricht gewöhnlich schneller als andere. Wenn sie sich unterhält, ist sie fast immer schon einen kleinen Schritt weiter als ihr Gesprächspartner. Das kann manchmal als Ungeduld gewertet werden.

Im Berufsleben liegen ihr kurzweilige Jobs oder die Selbstständigkeit mehr als eine Stelle, die ein Leben lang andauert. Findet sie in einer Arbeit keine Befriedigung mehr, ist sie imstande, auch die best dotierte Anstellung aufzugeben, nur um eine neue Herausforderung zu suchen.

Männer können sie oft nicht richtig einschätzen. Denn sie ist eine wechselhafte Persönlichkeit. Ihre Stimmung und ihr äußeres Erscheinungsbild können von Woche zu Woche, manchmal sogar von Tag zu Tag wechseln. Das verwirrt vor allem die Männer, die auf konservativere Werte vertrauen. Eine brave Hausfrau werden sie in einer Stier-Frau nicht finden. Wenn sie diese Aufgabe übernehmen soll, muss sie sich schon selbst dazu entschlossen haben und diesen Part als ihre Herausforderung erkannt haben.

Aufgrund ihrer sprunghaften Art hat sie gewöhnlich mehrere kurze Beziehungen, bevor sie sich länger bindet. Eine Ehe kommt – wenn überhaupt – nur dann in Frage, wenn der Partner bewiesen hat, dass er sie eher inspiriert als einengt. Sie findet nichts schlimmer, als von ihm in ihren Tätigkeiten oder ihrem täglichen Tagesablauf gebremst oder gar gegängelt zu werden. Hat sie sich bei der Wahl eines Ehemanns auf diese Weise geirrt, hat der Auserwählte oft die Scheidungspapiere in der Hand bevor er überhaupt genau weiß, was eigentlich los ist. Ihren Entschluss kann er kaum noch rückgängig machen, da sie mit den Gedanken bereits in einem neuen Lebensabschnitt lebt und den alten für sich beendet hat.

Die Zwilling-Frau fasziniert in Gesprächen ungemein, da sie sich

über fast alle Themen unterhalten kann. Ihre Interessen sind so breit gefächert, dass ihre Freunde, die auch aus unterschiedlichsten sozialen Schichten kommen können, sie dafür lieben. Sie hat selten Vorurteile und mag es nicht, wenn jemand diese hegt.

Durch ihre Spontaneität ist sie ein gern gesehener Gast auf verrückten Partys. Sie hat die Gabe, schnell in Stimmung zu kommen und andere mitzureißen. Nicht selten kann sie dann auch etwas über die Strenge schlagen und trinkt zuviel oder landet mit einem Mann im Bett, den sie bis vor ein paar Stunden überhaupt noch nicht kannte.

Sie liebt Menschen und ist selten schüchtern. Anregende Gesellschaften sind genau ihr Ding. Und die Gesprächspartner lieben ihren Verstand und ihr Urteilsvermögen. Denn sie spart nicht damit, auch Lösungsvorschläge zu Diskussionen beizusteuern.

Geht sie taktvoll vor, besitzt sie sogar die Gabe, das ein oder andere Problem eines Mitmenschen zu lösen. Da sie soziale Ungerechtigkeit hasst, kann sie viel Energie aufwenden, wenn sie bemerkt, dass eine Freundin oder ein Freund in ernsthaften Schwierigkeiten steckt. Wenn jemand ungerecht behandelt wird, sagt sie es gerade heraus – ohne Rücksicht auf Verluste. Sie kann nicht ertragen, wenn jemand aus ihrem Freundeskreis ungerecht behandelt wird.

Als Ehemann einer Zwillinge-Frau sollte man sich ein dickeres Fell zulegen. Nicht immer sind ihre Worte so ernst gemeint, wie sie ausgesprochen werden.

Erotische Vorlieben der Zwillinge-Frau

Da die Zwillinge-Frau eine sehr anpassungsfreudige, aber auch wechselhafte Persönlichkeit ist, wird auf sexuellem Gebiet kaum Langeweile aufkommen.

Sie gehört zu den Personen, die Sex nicht als besonderen Part ansehen. Er gehört für sie einfach dazu. Und ist die Beziehung in Ordnung oder auch der jeweilige Moment, überlegt sie nicht, ob es nun sein sollte oder nicht. Es passiert dann einfach.

Für Verführer kann sie eine leichte Beute sein, da sie sehr wenig über die Folgen ihres Handelns nachdenkt. In ihrer Jugend wechselt sie deshalb sehr häufig die Partner – oft auch unfreiwillig. Denn nicht jeder kommt mit ihrem Charakter zurecht.

Hat sie sich in einer längeren Beziehung arrangiert, findet sie immer selbst Wege und Mittel die körperliche Liebe nicht einschlafen zu lassen. Sie hasst nichts mehr als Langeweile. Deshalb wird sie ungern immer die gleiche Stellung bevorzugen. Auch hier muss sich immer alles abwechseln und ein neues Bild ergeben.

Partner von Zwillinge-Frauen sollten deshalb nicht überrascht sein, wenn sie das Schlafzimmer ab und zu umgestellt oder anders dekoriert vorfinden. Sie haben eine Partnerin die nur dann glücklichen Sex haben kann, wenn sie selbst glücklich ist.

In Zeiten, in denen sie Niederschläge verarbeiten muss, ist ihr der Partner sehr wichtig. Hier braucht sie eine Umarmung mehr als alle andere Zuwendung. In diesem Fall muss ihr Partner ein guter Zuhörer sein, der sich auch dann nicht von ihr abwendet.

Ihre quirlige Aktivität macht die Zwillinge-Frau zu einer erfrischenden Liebhaberin, mit der ein aufgeschlossener geistreicher Mann sehr viel Freude haben kann.

Die Zwillinge-Frau bevorzugt keine einengenden Sexualpraktiken, bei denen sie sich selbst nicht frei bewegen kann.

Der Zwillinge-Mann

Seine Freunde bezeichnen ihn eher als ruhelos. Denn er kann ab und zu wirklich ungemütlich sein. Hat er sich gerade mit ihnen hingesetzt, denkt er oft schon an andere Dinge und ist nicht wirklich bei der Sache. Von Partys verabschiedet er sich vorzeitig, weil er noch eine Auktion im Internet laufen hat oder bei einer weiteren Veranstaltung anwesend sein muss. So macht er sich mit seiner Art nicht immer beliebt.

Dabei redet er gewandt und breit gefächert über so gut wie alle Themen. Seine Interessen sind so weitläufig, dass er zu allen Themen ein Detail beisteuern kann, das man so noch nie gehört hat. Wenn er isst, hat er am liebsten etwas Lesbares neben sich – nur um einfach nicht „nur" zu essen. Jede freie Minute wird bei ihm sinnvoll ausgenutzt. Kulinarischen Abenteuern ist er deshalb zwar aufgeschlossen – jedoch ist Essen eher einfach dazu da, ihn zu ernähren. So neigt er selten zu Übergewicht.

In einer Beziehung zu einer Frau ist er sehr freiheitsliebend. Er kann es kaum ertragen, wenn sie anruft und ihn fragt, wann er endlich nach Hause kommt. Er will selbst entscheiden, wie lange er bleibt und wohin ihn der Abend noch führt. So zählt der Zwillinge-Mann zu den Männern, die sich selten richtig zähmen lassen. Er wird Angewohnheiten, die seit der Jugend Bestandteil seines Lebens sind, nur schwer ablegen. Dazu zählen Männerabende oder der regelmäßige Besuch des Fußballstadions mit seinen Freunden. Er findet nichts abwegiger, darüber nachzudenken, ob er diese Zeit nicht einmal mit seiner Frau verbringen sollte.

In einer Firma arbeitet er ehrgeizig und erfolgsorientiert. Erweist sich ein Lösungsweg als Sackgasse, ist es meist der Zwilling, der einen ungewöhnlichen Weg einschlägt und das Projekt zum Erfolg führt. Er kann sehr gut improvisieren. Viele Chefs schätzen genau diese Fähigkeit an ihm. Denn einen Allrounder wie ihn

finden sie so schnell nicht wieder. Er arbeitet sich in gestellte Aufgaben schnell ein und ist auch in seinen Arbeitszeiten flexibel. Wenn ihn ein Aufgabe beschäftigt und fesselt kann es auch Mitternacht werden, bis er die Firma verlässt – zum Leidwesen seiner Frau.

Am Wochenende lässt er es sich dafür aber kaum nehmen, seine Familie mit immer neuen Aktivitäten aus den vier Wänden zu locken. Ausflüge, gemeinsame Sportaktivitäten oder Kurztrips in die Metropolen dieser Welt liegen ihm. Kurzreisen nach Paris, London oder New York beglücken ihn so, dass er noch quirliger und nervöser wird. Er will alles: die Welt umarmen und alle Träume gleichzeitig realisieren.

Natürlich bringt dieser Charakterzug auch Schwierigkeiten mit sich. Denn nicht alles lässt sich so verwirklichen, wie er es sich vorstellt. Dann hadert er mit sich und macht sich Vorwürfe, die depressive Züge tragen. Sogar Melancholie kann sich einstellen, da er merkt, dass er sterblich ist und ihm zu wenig Zeit für die Verwirklichung aller Träume bleibt. Hier ist dann eine Partnerin gefragt, die das notwendige Verständnis aufbringt und ihn so nimmt wie er ist. Humor und Mitgefühl sind zwei Elemente, die ihn am schnellsten wieder auf die Beine bringen. Wie sich die Phasen der Aktivität abwechseln, wechselt auch das Stimmungstief schnell wieder in eine Phase des Glücks. Er ist kein Mensch, der zu viel über sich und seine Probleme nachdenkt. Es erscheint ihm geradezu unsinnig, so viel Zeit dafür zu verschwenden – obwohl es ihm manchmal gut tun würde.

Führt er eine feste Beziehung, läuft er selten Gefahr, sich in Affären zu verstricken. Er hat schon in seiner Jugend alle Erfahrungen gemacht. In dieser Zeit hat er alles, was irgendmöglich war – und zu dem seine Partnerinnen bereit waren – ausprobiert. Selten versteift er sich auf eine Technik oder entwickelt einen Fetisch. Für ihn spielt die Leichtigkeit der Abwechslung und die Spontaneität beim Sex eine große Rolle. Aufwändige Planungen

für das erste Mal liegen ihm fern. Er ist auch glücklich, wenn es im Auto oder auf einem Baugerüst stattfindet. Der Ort ist ihm nicht wichtig. Sein Bett fällt ihm deshalb nicht immer zuerst als idealer Ort ein. Denn hier an Ort und Stelle wäre es auch möglich. Warum deshalb erst nach Hause gehen?

Wenn man Spaß haben will, muss man nicht große Hebel in Bewegung setzen. Der Zwillinge-Mann kann den größten Spaß während anregender Unterhaltungen haben, bei denen die Zeit wie im Fluge vergeht. So redegewandt wie er ist, kann er auch interessiert zuhören. Nicht selten beginnt so eine Beziehung zu einem neuen Partner.

Auch in der festen Beziehung sucht er oft das Gespräch. Hier kann er einen Hang zu künstlichen Diskussionen und Streitereien entwickeln. Machtkämpfe liegen ihm allerdings fern. Er liebt es einfach, wenn sich innerhalb des Hauses etwas regt. Das kann ein kleiner Streit oder auch eine anregendes Gespräch sein. Diese Eigenschaft macht ihn ab und zu zu einem anstrengenden Partner. Kann seine Partnerin jedoch damit umgehen und lässt seine Sticheleien ins Leere laufen, steht diese Beziehung unter einem guten Stern. Frauen, die länger mit ihm zusammen sind, sollte man den Tipp geben, ihn nicht immer allzu ernst zu nehmen. Aber diesen Ratschlag haben sie vermutlich schon längst in die Tat umgesetzt.

Wer den Zwillinge-Mann begeistern will, macht mit ihm einen individuellen Urlaub. Er lässt sich gerne von einem zum nächsten Ort treiben ohne eine Schlafmöglichkeit für den Abend zu haben. Er ist so unkompliziert, dass er auch einmal eine Nacht im Auto zubringt, wenn er den ganzen Tag dafür ein Erlebnis nach dem anderen hatte. Vielleicht sollte er einmal etwas anderes als Pauschalurlaub probieren um richtig glücklich zu sein. Er wird dabei auf jeden Fall mehr Abenteuer erleben.

Erotische Vorlieben des Zwillinge-Mannes

Der Zwilling-Mann besitzt ein gutes Gespür dafür, mit welchen Mitteln er seine Partnerin in Stimmung bringen kann. Diese setzt er gezielt ein, um ihr die größte Lust zu bescheren. Dabei kann er manchmal etwas abwesend wirken – denn er denkt ab und zu schon an die nächste Stellung mit seiner Liebsten und was er dann mit ihr anstellen wird.

Er ist ein Mann, der sehr auf visuelle Eindrücke fixiert ist. Löscht seine Partnerin das Licht, findet er das nicht besonders toll – es kann ihm regelrecht die Lust rauben. So sind hier Frauen klar im Vorteil, die keine prüden Eigenschaften haben. Es kann ihm in dieser Hinsicht nicht hell genug sein. Er will jedes Detail erkennen und hängt sich zu diesem Zweck auch gerne einmal ein Spiegel ins Schlafzimmer – nicht um sich eitel an seinem eigenen Anblick zu weiden – sondern um seine Partnerin gleich doppelt zu genießen und von allen Seiten zu betrachten.

Er kann sich schon lange vor dem Sex gedanklich damit beschäftigen, wie der Akt aussehen wird. Dabei geht er gedanklich alle Schritte durch und kann sogar geistig auf diese Art Glücksgefühle erleben. Da er Fantasie besitzt, schaut er sich auch gerne gute Pornografie an, die er aber meist nur konsumiert um sich neue Anregungen zu holen.

Um seine und ihre Lust zu steigern, experimentiert er gerne mit extravagantem Sexspielzeug oder Aphrodisiaka. Den eigentlichen Höhepunkt erlebt er hingegen gerne ganz natürlich und ohne Hilfsmittel. Die Spielzeuge verwendet er zum Vorspiel oder dazu, seine Partnerin zu stimulieren – um sich und ihr einen gleichzeitigen Orgasmus zu ermöglichen.

Oralen Spielen ist er nicht abgeneigt. Allerdings bewertet er diese Spielart nicht über. Sie ist für ihn nur eine von vielen Techniken in seinem Repertoire.

Was Zwillinge und Partner verbindet

Ob es in einer Beziehung Harmonie oder Streit gibt, ist nicht immer nur Sache der Charaktere. Man spricht nicht umsonst vom guten Stern, der über einigen Beziehung steht. Eine Liebe, die ein Leben lang anhält, ist der Wunschtraum vieler Menschen in einer heute sehr schnelllebig gewordenen Zeit. Fast alle sehnen sich danach, im Partner die Person gefunden zu haben, mit der alle Schwierigkeiten im Leben zu meistern sind. Zudem darf eine harmonische Beziehung nie soweit abkühlen, dass sich die Partner auseinander leben. Hier kann ein Blick in das Partnerhoroskop helfen. Eventuelle Spannungen können so früh neutralisiert werden. Denn nur wenn Probleme früh erkannt werden, lassen sie sich schnell und unkompliziert lösen.

Zu einer vollkommenen Liebe gehört eine erfüllte Sexualität. Hält geistige und körperliche Verbundenheit sich die Waage, wird eine Beziehung in der Regel immer unter einem guten Stern stehen. Aber welche Vorlieben hat der Partner im Bett? Das ist eine viel zu selten gestellte Frage, die für einige Paare in der Trennung endet. Das muss nicht so sein.

Je mehr Sie sich mit den Vorlieben Ihrer Partnerin oder ihres Partners beschäftigen, desto erfüllender können die intimen Stunden für Sie beide werden.

Nachfolgende Partnerkonstellationen führen verborgene Wünsche und Abneigungen offen auf, die Ursache für Unlust im Bett sein können. Unterhalten Sie sich darüber mit ihrem Partner. Oftmals wird erst so ein lange gehegter Traum Wirklichkeit. Natürlich ist beim Sex alles erlaubt, was gefällt. Auch wenn Ihre Neigungen nicht genau den hier beschriebenen Praktiken entsprechen, finden Sie viele Anregungen, die das Sexualleben beleben können.

Widder als Partner des Zwillings

Zwillinge sind redegewandt und haben eine gutes Gespür für zwischenmenschliche Situationen. Diese Eigenschaft können sie sehr gut im Umgang mit dem impulsiven Widder ausspielen. Der Wille des Widders, in der Beziehung zu dominieren, läuft mit ihrem Geschick oft ins Leere, ohne dass er etwas davon mitbekommt. Das bedeutet aber noch lange nicht, dass deshalb der Zwilling klein beigibt. Er taktiert geschickt und kommt fast immer auf seine Kosten. Die Spontaneität des Widders liegt genau auf der Wellenlänge des Zwillings, der selbst immer neue Herausforderungen und Abenteuer sucht.

Dieses Paar wird manchmal erst im Alter ruhiger, wenn beide sich alleine oder gemeinsam bewiesen haben, dass sie ihre Träume verwirklichen können. Nicht selten begeben sie sich auch zu zweit auf Reisen. Allerdings ist dann nicht Strandurlaub angesagt. Ihrem Charakter entspricht es eher, Wüstendurchquerungen oder Segeltörns zu meistern. Da Vorplanung nicht unbedingt die herausragende Eigenschaft des Widders ist, lassen sich beide vor allem im Urlaub von einem interessanten Abenteuer zum nächsten treiben und wissen oft am Abend noch nicht, wo sie die Nacht verbringen werden.

Zwillinge genießen diese Eigenschaft der Widder, obwohl sie sich manchmal etwas mehr Verständnis für ihre Situation wünschen. Denn nicht selten wird die Anpassungsfähigkeit des Zwillings vom Widder als natürliche Eigenschaft wahrgenommen. Nur wenn der Widder seine dominante Rolle hin und wieder zügelt und dem Zwilling auch einmal die Zügel in die Hand gibt, wird die Beziehung auf Dauer gesund bleiben.

Das Liebesspiel des Zwillinge-Widder Paares

Beide Sternzeichen haben keine Hemmungen ihre Körper in aller Natürlichkeit zu zeigen. Nicht selten sind beide Nacktschläfer. Schafanzüge und Nachthemden wirken eher befremdlich auf sie. Mit der Sexualität verhält es sich ähnlich: Sie wird konsumiert wie das tägliche Essen. Sie gehört einfach zum Leben dazu und ist die natürlichste Sache der Welt.

Da beide Tierkreiszeichen neuen Erfahrungen und Abenteuern aufgeschlossen sind, kommt es nicht selten zu extravaganten Spielarten, die beiden sehr viel Spaß bereiten. Betreten beide einen Sexshop, kommen sie bestimmt mit den außergewöhnlichsten Spielsachen nach Hause, um sie gleich auszuprobieren.

Das Vorspiel dauert bei Widdern aber meist nicht allzu lange. Sein Wille, zum Orgasmus zu kommen, ist unheimlich stark ausgeprägt. So liegt es am Zwilling, durch kleine Pausen das Liebesspiel hinauszuzögern und so die Lust bis zur Ekstase zu steigern. Beide Partner lieben den Anblick von erotische Abbildungen und fremdländischen Liebesweisen. So kommt es nicht selten vor, dass sich beide im Spiel des Kamasutra versuchen und sich so in immer neue lustvolle Abenteuer stürzen.

Langeweile und Monotonie im Bett sollte der Widder vermeiden. Zwillinge mögen es nicht immer auf die gleiche Art. Sie suchen die Abwechslung und entfalten sich nur hier in ihrer ganzen Hingabe. Sorgt der Widder für diese Abwechslung, findet er im Zwilling auch in der körperlichen Liebe den idealen Partner.

Stier als Partner des Zwillings

Zwillinge sind in der Regel redseliger und aktiver als Stiere, die ihr Glück lieber in der inneren Ruhe suchen. Das macht die Stier-Zwilling-Kombination nicht unbedingt zu einer passenden Schnittmenge.

Allerdings werden Stiere von der quirligen Aktivität der Zwillinge angezogen. Sie sind fasziniert davon, mit welcher Leichtigkeit der Zwilling Ideen entwickelt und sie dann genauso schnell wieder verwirft. Beide haben oft vollkommen unterschiedliche Berufe, z.B.: Bankkauffrau und Koch.

Findet sich im Zwilling eine stille Sehnsucht nach Harmonie und Beständigkeit, wird der Stier der Fels in der Brandung für ihn sein. Er wird dann gerade deshalb geliebt und sollte sich nicht für den Zwilling ändern. Das macht ihn auf Dauer nicht glücklich und Spannungen sind die Folge.

Zwillinge ihrerseits sollten nicht zu ungeduldig mit einem Stier sein. Denn es entspricht einfach nicht seiner Natur, sein Leben unbedacht und spontan zu ändern. Hier bremst der Stier die schnelle Entscheidungsfreude des Zwillings. Sieht er das nicht immer nur als Kritik, sondern als wohlmeinende Ratschläge, werden beide ihr Glück finden. Oftmals führt der Langmut des Stieres zu bodenständigeren – deswegen aber keineswegs unglücklicheren – Entscheidungen, die das Leben beider entscheidend positiv beeinflussen können.

Das Liebesspiel des Zwillinge-Stier Paares

Auch auf sexuellem Gebiet passt bei diesem Paar manchmal nicht alles sofort zusammen. Stiere brauchen in der Regel länger, um richtig in Fahrt zu kommen.

Zwillinge verfügen über eine lustbereitende und erfrischende Kreativität, die der Stier gerne genießt, ohne dass er darüber immer viele Worte verlieren würde. Das Paar kann wunderschöne Stunden mit gegenseitigem Verwöhnen, Streicheln, Schmusen und Küssen verbringen.

Allzu eilig hat es keiner von beiden, zum Höhepunkt zu kommen. Und so bietet sich die Chance, die Liebestechnik soweit zu verfeinern, bis eine gemeinsame gleichzeitige Ekstase erlebbar wird. Der Zwilling wird nichts unversucht lassen, am Stier auszuprobieren, was ihm in den Sinn kommt. Da der Stier eine gutmütige Natur hat, wird er alles mit sich machen lassen, manches für gut befinden und manches nur aus Liebe zum Zwilling beibehalten. Deshalb sollten Zwillinge auch auf unbewusste Signale ihres Partners achten, um ihm nicht zu viel abzuverlangen.

Reden wird im Bett meist nur der Zwilling. Übt das Paar in der körperlichen Liebe gegenseitige Rücksicht und lässt ein Partner dem anderen seinen Freiraum, können die höchsten Glücksgefühle erlebt werden. Auf eines sollten beide jedoch verzichten: Sich oder den anderen zu einer Handlung zu zwingen, die sie eigentlich nicht mögen. Dies endet meist in Frustration und unbefriedigten Zuständen.

Zwillinge als Partner des Zwillings

In dieser Verbindung ist immer Leben. Alles muss in Bewegung sein. Stillstand der Aktivität bedeutet Langeweile für dieses Paar und wird zum entscheidenden Faktor. Stellt sich Langeweile ein, wird sich ein Partner schnell Ersatz suchen. Dort wo es funktioniert, leben zwei Energiebündel zusammen.

Beide Zwillinge nutzen ihre Aktivität selten für einen Kampf gegeneinander. Sie blicken gemeinsam nach vorne. Auf sie warten tausend neue Möglichkeiten und Abenteuer. Jede Idee wird verfolgt und interessiert diskutiert – genauso schnell allerdings wieder verworfen. Kristallisiert sich ein gemeinsames Projekt heraus, wird es meist mit Perfektion und Ehrgeiz nach vorne getrieben. Ist es erfolgreich, wird es uninteressant und der Blick richtet sich schon wieder auf das nächste Ziel, das nun alles andere in den Schatten stellt.

Ein Zwillings-Paar sollte sich auf seinem Lebensweg immer wieder Ruhepausen gönnen. Denn nicht selten merken die Zwillinge-Partner erst im Alter, dass sie kaum Zeit für sich selbst gehabt haben. Während ihrer arbeitsreichen Zeit, laufen sie Gefahr, nicht zu erkennen, dass Stress eine der größten negativen Faktoren für sie ist. Zwillinge sind oft Workoholics, die ihre privaten und persönlichen Bedürfnisse immer hinten anstellen. So steigt leider auch die Wahrscheinlichkeit von ernsthaften Gesundheitsproblemen.

Finden sie einen entspannenden Ausgleich, hat man es hier mit einem Paar zu tun, dass mit seiner Tatkraft Berge versetzen kann.

Das Liebesspiel des Zwillinge-Zwillinge Paares

Beide Partner mögen spielerischen Sex, der gerne auch mit Abenteuern verbunden wird. Nicht selten wird man in dieser Partnerschaft die Bereitschaft zum offenen Liebesspiel bemerken. Eifersucht ist bei Zwillingen nicht so stark ausgeprägt wie bei anderen Tierkreiszeichen.

Da viele Zwillinge einen ausgeprägten Hang zur Selbstdarstellung haben, fühlen sie sich meist wohl, wenn andere ihnen beim Sex zusehen. Sie sind wie geschaffen für Swinger-Clubs, in denen sie sich auch gerne anderen Partnern zuwenden. Das Sternbild der Zwillinge hat meist zwei Gesichter: Ein bodenständiges und familiäres, welches Wert auf einen spannenden Alltag legt und ein kreatives und abenteuerlustiges, das auch vor Risiken und unbekannten Situationen nicht zurückschreckt. Zu diesen unbekannten Situationen zählen auch Dreiecksbeziehungen, die jede Spielart der Sexualität praktizieren.

Zwillinge sehen Konfliktsituationen in der Regel sehr spät, da sie sich nicht wirklich dafür interessieren. Hält eine Zwillinge-Partnerschaft lange, haben beide meist alle Praktiken, die es überhaupt gibt, ausprobiert, und haben das herausgesucht, was ihnen gefällt.

Beide reden gerne über die schönste Sache der Welt und schaffen so Klarheit, bevor es zu Missverständnissen kommen kann.

Krebs als Partner des Zwillings

Krebse mögen nicht, wenn mit ihren Gefühlen gespielt wird. Der Zwilling läuft allerdings Gefahr, die Liebe eher von der spielerischen Seite zu sehen.

Der Krebs-Geborene wird sich in einer solchen Konstellation also immer wieder zwei Fragen stellen müssen: „Spielt er gerade mit mir?" und „Warum sagt er immer, was er denkt?" – denn Zwillinge können zudem auch noch schonungslos offen sein. Dazu zählt Kritik und die eigene Meinung, die vehement auch gehen die Mehrheit vertreten wird. Nicht selten kommt es so zu öffentlichen Auseinandersetzungen mit dem Partner, der von ihm lieber etwas mehr Takt- und Feingefühl erwartet hätte.

Diese Umsicht liegt dem Zwilling nicht. Er sagt in der Regel immer, was er gerade denkt. Fühlt sich deshalb jemand gekränkt, bemerkt er das wahrscheinlich gar nicht.

Ist in der Beziehung der Krebs die weibliche Hälfte, wird er sich mit Hingabe um die Familie kümmern. Der Zwilling wird unermüdlich von einer reizvollen Aufgabe zur nächsten hasten. Ruhe kommt selten auf. Dazu sind die Partner dieser Konstellation auch zu verschieden.

Das hat jedoch einen entscheidenden Vorteil: Beide haben sich immer etwas zu erzählen und genießen die Gespräche am Abend.

Das Liebesspiel des Zwillinge-Krebs Paares

Zwillinge probieren gerne neue Spielarten aus. Dem Krebs kann das manchmal zu weit gehen. Lässt er sich allerdings auf die fremden Abenteuer ein, wird er eine Bereicherung seines Sexuallebens feststellen.

Der aktive Zwilling ist in der Lage, den manchmal etwas verhaltenen Krebs aus der Reserve zu locken. Der Krebs liebt kuschelige Abende, bei denen in erster Linie nicht immer der Sex im Vordergrund steht. Es fällt ihm leichter als dem Zwilling, einmal nicht daran zu denken.

Ist dem Zwilling aber die sexuelle Seite der Beziehung zu monoton, kann er sich auch abwenden und Abwechslung bei anderen Partnern suchen. Hier ist also Vorsicht geboten!

Der treue Krebs wird dieser Versuchung in der Regel besser widerstehen können. Schlägt er doch einmal über die Strenge, wird der tolerante Zwilling ihm meist eine zweite Chance geben. In dieser Konstellation mögen beide meist keine ausgefallenen Spielarten der Liebe. Es stehen klassische Praktiken im Vordergrund, die auch mit Erfolg durch Sexspielzeuge aufgepeppt werden können. Nicht selten verlaufen die sexuellen Beziehungen dieser Konstellation im Alter erfolgreicher und befriedigender für beide Partner denn in der Jugend wird immer wieder zu viel auf die Goldwaage gelegt.

Löwe als Partner des Zwillings

Zwillinge finden in Löwen meist ideale Partner. Am astronomischen Himmel sind hier kaum Wolken auszumachen.

Zwillinge schätzen an Löwen ihre großzügige und tolerante Art. Während Löwen von der Wandlungsfähigkeit und Abenteuerlust der Zwillinge angezogen werden.

Beide lassen sich in dieser Verbindung meist sofort alle Freiheiten, die für die Entfaltung der Persönlichkeiten notwendig sind. In dieser Konstellation wird es selten notwendig sein, den anderen nach seinen Wünschen zu ändern. Die Partner sehen recht schnell, woran sie sind und dass sie sich auf einander verlassen können – auch in schweren Zeiten. Für eine lange Ehe ist dieses Paar wie geschaffen.

Zwilling und Löwe sind meist zufrieden und unterstützen sich gegenseitig bei der Lebensplanung. Sie arbeiten gerne in ähnlichen Berufen und können sich für die Tätigkeiten des Partners begeistern. Das schafft ideale Voraussetzungen, auch den Alltag aktiv und mit Freude zu gestalten. Nicht selten wird ein solches Paar auch einmal den Wunsch in sich tragen, auszuwandern und neue Herausforderungen ganz fern der Heimat zu suchen.

Obwohl der Löwe eher zur Großzügigkeit neigt, ist er in dieser Konstellation derjenige, der das Geld zusammenhält und die zukünftige Lebensplanung in die Hand nimmt. Der Zwilling fühlt sich deshalb keineswegs entmündigt. Er vertraut seinem Löwen.

Das Liebesspiel des Zwillinge-Löwe Paares

Der Löwe gibt hier den Ton an. Er findet im Zwilling einen wandlungsfähigen Spielgefährten, der zu allen Schandtaten bereit ist. Nicht selten wird man die beiden an den unmöglichsten Orten erwischen.

Ist der Tisch abgeräumt, kann er für beide schon zur Spielwiese werden – auch wenn es unbequem ist. Abenteuerlust und Extravaganz kennen bei diesem Paar keine Grenzen. Sie können ganz in Hingabe versinken und sich regelrecht verschlingen. Beide vergessen dann alles um sich herum.

Im Urlaub haben die beiden den besten Sex. Hier finden sie unbekannte Menschen, Orte, Temperaturen, Gerüche, usf. Diese Reize wirken sich positiv auf die Libido der Beiden aus.

Der Löwe nimmt beim Sex gerne eine dominante Stellung ein. Der Zwilling genießt das, wie kaum ein anderes Sternbild. Nicht selten sucht der Löwe auch den Mund des Zwillings, der diese Spielart meist gerne mag. Denn er wird dafür vom Löwen sehr geschätzt.

Löwe wie auch Zwilling mögen es beim Sex etwas härter. Kuschelsex hatten sie schon genug. Nun haben sie einen Partner gefunden, mit dem sie sich richtig austoben können.

Schöne Dessous und schmeichelnde Bettwäsche können zusätzliche Lust bescheren. Sehen und Fühlen sind zwei Sinne, die bei beiden Sternzeichen während des Liebesaktes außergewöhnlich stark aktiviert werden.

Jungfrau als Partner des Zwillings

Zwei Tierkreiszeichen treffen hier auf einander, die auf den ersten Blick nicht so recht zusammenpassen wollen.

Die Jungfrau stellt hohe Ansprüche an ihren Auserwählten und sieht im Zwilling meist keinen Partner, der für eine harmonische Beziehung geeignet ist. Die eher spielerisch anmutende Herangehensweise des Zwillings gibt der Jungfrau manchmal zu wenig Sicherheit und Vertrauen. Die Jungfrau verlangt Treue von ihrem Partner, was in dieser Konstellation für den Zwilling ein ganzes Leben lang recht schwer durchzuhalten ist.

Kann der Zwilling den Launen der Jungfrau begegnen, treffen sich hier oft zwei spitze Zungen die oft stundenlang debattieren können. Sarkasmus und verbale Hiebe sind für beide kein Fremdwort. So kann der geistige Austausch auch zur Herausforderung dieses Paares werden. Nicht selten werden Außenstehende von der Wortgewalt der Kontrahenten überrascht sein.

Für eine lange Beziehung müssen sich beide Tierkreiszeichen allerdings etwas zurücknehmen und dürfen ihre Sticheleien nicht bis zu ernsthaften Kränkungen und Verletzungen vorantreiben. Beide sollten sich öfter in die Situation ihres Partners versetzen, um ihn und seine Probleme besser verstehen zu können. Ist das Paar dazu nicht in der Lage, wird es schwer sein, das anfängliche Glück auf Dauer zu bewahren.

Das Liebesspiel des Zwillinge-Jungfrau Paares

Liebt der Jungfrau-Geborene mit ganzem Herzen, wird er alles nur Erdenkliche für seinen Zwilling tun. Jungfrauen lieben die Beschäftigung mit dem eigenen Körper und mit dem des Partners. Ihr Liebesspiel fängt aber weit vor dem eigentlichen Geschlechtsakt an. Hier wird es viele Zwillinge wundern, dass es nicht schneller geht.

Egal ob weiblich oder männlich, Jungfrauen lieben es gerne sauber. Strenger Schweißgeruch – auch der des Partners – stößt sie ab. Wenn die Jungfrau taktvoll ist, wird sie ihren Zwilling zum gemeinsamen Bad einladen. Hier verwöhnt sie ihren Partner auf die zärtlichste Weise. Auch Oralverkehr liegt der Jungfrau, hat sie einmal dafür Feuer gefangen. Sie schenkt ihn vor allem als großen Liebesbeweis. Zwillinge, die hier oft leichtfüßig und fordernd auftreten, sollten dieses Geschenk zu würdigen wissen.

Zwillinge sollten nicht zuviel ihrer Lebhaftigkeit ablegen. Besonders im Bett ist es von Vorteil, wenn die Jungfrau ihre frische Aktivität spürt. Allerdings sollte das Maß nicht soweit überschritten werden, dass der Sex hart oder gar brutal wird. Das mag die Jungfrau nicht besonders und quittiert das mit Rückzug. Spielarten wie z.B. Analsex mag eine Jungfrau weniger. Vieles erscheint ihr einfach unnötig, was allgemein als extrem oder pervers gilt. So wird man sie selten in Lack und Leder antreffen. Auch einen Sex-Shop besucht sie selten.

Waage als Partner des Zwillings

In der Wage findet der Zwilling einen wunderbaren Partner. Nicht nur geistig, auch in der körperlichen Liebe findet er hier ein Gegenstück, das er schon lange gesucht hat. Beide können endlose Gespräche führen, die auch nach vielen Jahren nie langweilig werden. Man wird die beiden selten stumm nebeneinander sitzend vorfinden. Sie interessieren sich für einander und zeigen dieses Interesse immer, sobald sie zusammen sind.

Waagen sind in dieser Konstellation die kreative Kraft, Zwillinge unterstützen dieses Potenzial bis zur Höchstleistung. Beide genießen den Erfolg gleichermaßen.

Sie können sich über den Erfolg ihres Liebsten freuen, da sie nicht missgünstig oder gar neidisch auf einander sind. Beide haben auch keinen Hang zur Eifersucht. Das ist die beste Vorraussetzung dafür, dem Partner immer den notwenigen Freiraum zu geben. Man darf sich also nicht wundern, wenn diese Partner manchmal getrennt mit ihren jeweiligen Freunden ausgehen. Sie können getrost Dinge getrennt unternehmen und diese genießen. Finden ihre Wege dann wieder zusammen, haben sie meist Gesprächsstoff für viele Tage.

Hat das Paar Familie, erledigt es die Erziehung der Kinder meist souverän. Beiden genügt ihr Bauchgefühl, um die richtigen Entscheidungen zu treffen. Dazu benötigen sie keine Fachzeitschriften und Bücher.

Das Liebesspiel des Zwillinge-Waage Paares

Zwillinge- und Waage-Geborene sehen ihre Beziehung partner-
schaftlich. Sie nehmen viel Rücksicht auf einander. Deshalb würde ein Partner nie etwas tun, was dem anderen nicht gefällt. Ist
das Paar einige Zeit zusammen, lotet es sehr schnell Gebiete aus,
die für beide spannend und erotisch sind. Oft ist es die Vorliebe
des einen, die dann auch zur Bereicherung des anderen wird.
Die Abenteuerlust des Zwillings und seine offene und direkte
Art sind anziehende Faktoren für einen Waage-Geborenen, der
ebenfalls gerne unterschiedliche Techniken ausprobiert. Selten
wird ein solches Paar bei den klassischen Stellungen bleiben.
Man wird versuchen, die Lust durch Accessoires und fremdlän-
dische Liebestechniken zu steigern. Hat das Paar noch nie etwas
vom Kreislauf der Energie beim Sex in der Wiegestellung gehört,
wird es höchste Zeit: Hier wartet ein wundervolles Gebiet dar-
auf, entdeckt zu werden.
Allen sexuellen Stellungen werden die vorgezogen, bei denen es
zu größtmöglichem Körperkontakt kommt. Das größte Organ,
die menschliche Haut, reagiert bei ihnen im Erregungszustand
äußerst sensibel. Falls sie es noch nicht ausprobiert haben, sollten
sie sich einmal gegenseitig mit Öl einreiben und auf diese Art
zum Höhepunkt kommen. Ein Genuss ganz anderer Art.
Als Geheimtipp gilt die Liebesschaukel, auf der ein Partner Platz
nimmt, während der andere ihn, leicht wie eine Feder, bewegen
kann.

Skorpion als Partner des Zwillings

Nein, dass darin eine gemeinsame Zukunft stecken soll, hört sich an wie ein Märchen. Allerdings kommt diese Beziehung nicht allzu selten vor. Skorpion und Zwilling lernen sich oft auf einer Party kennen, landen im Bett und wissen am nächsten Tag nicht mehr, was sie eigentlich zueinander getrieben hat.

Dauert die Beziehung länger, ergeben sich einige Problematiken, die leider nur schwer aus der Welt zu schaffen sind: Da wäre der Begriff der Treue, den Zwillinge in der Regel sehr großzügig auslegen. Skorpionen kann er hingegen nicht streng genug gefasst sein.

Diesem Kapitel folgt die Eifersucht. Und ein eifersüchtiger Partner ist so ziemlich das Letzte, was ein Zwilling gebrauchen kann.

Engt der Skorpion auch den Alltag durch gesetzte Grenzen ein, wird der Zwilling schnell das Weite suchen. Er mag in seiner Entfaltung, die einen Teil seines Lebensglücks ausmacht, nicht zurückstecken. Das Besitzergreifende des Skorpions macht ihm regelrecht Angst.

Sind die eifersüchtigen Charaktereigenschaften des Skorpions weniger ausgebildet, können sich beide – mit der nötigen Toleranz – arrangieren. Allerdings müssen sie aufeinander zugehen und offen über ihre Gedanken und Gefühle sprechen.

Kommt es tatsächlich zum Fremdgehen, wird sich ein Skorpion selten beruhigen lassen. Er kann mit diesem Gedanken nicht leben.

Das Liebesspiel des Zwillinge-Skorpion Paares

Was sich im Zusammenleben schwierig gestaltet, kann ohne Worte so einfach sein. Partner der Sternzeichen Zwillinge und Skorpion verstehen sich im Bett außergewöhnlich gut. Sie wissen auf Anhieb, was dem anderen gefällt.

Auch die Neigung des Skorpions, die Führungsrolle in Anspruch zu nehmen, stößt beim Zwilling nicht auf Gegenwehr, da er sich sehr gut in seinen Partner einfühlen kann. Nicht selten ist guter Sex der Kitt dieser Beziehung. Er hält sie am Leben, facht sie an, wenn sie schon erloschen ist und bleibt in bleibender Erinnerung.

Hier haben sich zwei gefunden, deren Beziehung zwar spannungsgeladen ist, die aber im Bett immer wissen, woraus es ankommt. Kraftvoll und fest packt der Skorpion zu. Hier begegnet er einem Partner, dem das Wonne bereitet. Dieses Paar kann schon beim ersten Mal wundervollen Sex haben, der so gut wie nie im Frust endet.

Zu den Spielarten dieses Paares können auch bizarr wirkende Fesselspiele oder SM-Praktiken gehören, die ihren Lustgewinn aus Dominanz und Unterwerfung beziehen. Einem solchen Paar sei geraten, Liebe und Sex nie zu trennen. Sonst wird die Zukunft nicht so rosig, wie sie ihm vielleicht im Moment noch erscheint.

Schütze als Partner des Zwillings

Gemeinsame Reisen und Unternehmungen stehen in dieser Beziehung im Vordergrund. Nicht selten werden solche Paare zu wahren Globetrottern. Ihr Drang nach Ferne und nach neuen Eindrücken kennt so gut wie keine Grenzen. Es hält sie in der Regel nicht lange an einem Ort. Da beide nicht etepetete sind, kann auch Campingurlaub und Wandern eine erfüllende Freizeitbeschäftigung sein. Sie genießen beide die Natur in all ihren Facetten.

Zwillinge und Schützen sind nicht vereinnahmend. Sie gewähren ihrem Partner die Freiheiten, die sie auch selbst gerne ausleben. Der Zwilling sollte sich allerdings davor hüten, die Beziehung durch Seitensprünge zu strapazieren. Er hat mit dem Schützen einen Partner, der untreues Verhalten nur schwer verzeihen kann.

Beide sollten aufpassen, dass ihre Rastlosigkeit nicht zu einem Dauerzustand wird.

Wenn sich Kinder einstellen, sind sich beide meist sofort einig, dass nun alle Abenteuer gemeinsam durchlebt werden. Eine Beziehung, die unter einem guten Stern startet und genauso fortgeführt werden kann. Langeweile wird sich selten einstellen.

Rastloses Leben und ungelebte Träume machen es ihnen oft unmöglich, ein geregeltes Leben zu führen. Die Verlockungen sind allzu groß. Finanzielle Angelegenheiten sollten sie deshalb beizeiten angehen, um später nicht in Armut zu enden. Gelingt es ihnen, finanzielle Sicherheit aufzubauen, werden sie auch im Alter Wege finden, aus ihrem Leben ein Abenteuer zu machen.

Das Liebesspiel des Zwillinge-Schütze Paares

Zwischen Beiden prickelt es beständig. Zwillinge übergeben den dominanten Part gerne dem Schützen. Und dieser lebt in seiner Rolle richtig auf. Er kann nicht über seinen Schatten springen und gibt sowieso meist den Ton an.

Sex an fernen Orten ist dem Paar das Liebste. Sollte es von zuviel Monotonie gelangweilt sein, zieht es auch einmal die Couch oder die Dusche vor, um etwas Abwechslung in die Schlafzimmerroutine zu bringen. Hiermit trifft ein Partner immer genau den Nerv des anderen, der gerne neue Dinge ausprobiert.

Auch bei den Liebestechniken, gibt es kaum ein Paar, das mehr ausprobiert, als dieses. Trotzdem ziehen sie Natürlichkeit beim Sex eher künstlichen Sexspielzeugen vor. Beide bewegen sich gerne Nackt und lieben es auch so zu schlafen. Am Besten gefällt es ihnen am Strand, wo der Schütze stundenlang auf den Horizont blicken kann. Er wird dann fast melancholisch. Ist der Ort zu schön, kommt der Zwilling hier kaum auf seine Kosten. Schützen sind Augenmenschen und können während eines großartigen Anblicks alles um sich herum vergessen.

Zwillinge sollten deshalb bemüht sein, ihrem Schützen ab und zu eine neue Augenweide zu bieten. Das kann eine neue Frisur aber auch ein gewagtes Dessous sein. Auch neue Bettwäsche oder eine neue Tischdekoration kann den Geist des Schützen reizen. Er wird aufmerksamer und sorgt nun selbst wieder für die vielleicht inzwischen eingeschlafene Kreativität im Bett.

Steinbock als Partner des Zwillings

Der bodenständige Steinbock findet den Zwilling vielleicht zu leichtlebig. Denn er sorgt sich um seine Zukunft und plant seine Karriere sorgfältig. Der Zwilling hingegen ist sprunghaft und sein Leben richtet sich wenn möglich nach dem Lustprinzip.

Die unterschiedlichen Denkweisen dieser Partner, Sicherheitsdenken und Abenteuerlust, können Ursache für extreme Spannungen innerhalb der Beziehung sein.

Nicht selten sind Unstimmigkeiten und vollkommenes Unverständnis die Folgen. Um das zu vermeiden, muss der Steinbock ein wenig Risiko im Leben eingehen und erntet damit die Zuneigung des Zwillings, für den gemeinsam erlebte Freiheit immer schöner ist.

Der Zwilling muss vor allem eines entwickeln, um in Zukunft mit dem Steinbock zusammen zu leben: Verständnis für die aktuelle Lebenslage. Können beide auf diese Weise aufeinander zuzugehen, steht die Liebe unter einem guten Stern.

Der Steinbock sollte sich jedoch davor hüten, jede Idee des Zwillings als Spinnerei abzutun. Nicht selten entpuppt sich ein Einfall des Zwillings als gewinnbringende Idee. Beachtet er die Vorschläge des Zwillings zu wenig, läuft er Gefahr, dass dieser woanders seine Bewunderer sucht.

Das Liebesspiel des Zwillinge-Steinbock Paares

Hat dieses Paar seltener Sex als andere Paare, werden die Ursachen im Karrieredenken und im rastlosen Marsch beider Sternzeichen zu suchen sein. Stress im Beruf ist der Auslöser dafür. Hier müssen beide mit offenen Augen gegensteuern, um ein Auseinanderleben zu vermeiden.

Um wieder Leben in die Beziehung zu bringen, bieten sich Kurzurlaube an. Der Zwilling genießt es, ein erotisches Wochenende z.B. in einem Hotel in Paris zu verbringen. Nicht selten wird so die beständige Haltung des Steinbocks belebt.

Der Steinbock liebt keine großen Überraschungen im Bett. Ihm kann die Lust dann richtig vergehen. Zwillinge sollten deshalb behutsam vorgehen, wenn sie ihre Spielzeuge mit ins Bett nehmen. Manch ein Steinbock wird davor zurückschrecken und die Hand des Zwillings dem Zauberstab vorziehen. Kann der Zwilling auf Extravaganz und Spiele mit perversen Neigungen verzichten, wird sich das Sexleben harmonisch und zur vollen Zufriedenheit beider Partner entwickeln.

Wassermann als Partner des Zwillings

Wenn man diesem Paar überhaupt einen Ratschlag geben kann: „Bleibt so wie ihr seid!"

Nicht selten halten Zwilling-Wassermann-Bindungen ein ganzes Leben. Stirbt der eine früh, wird der andere nicht mehr so recht glücklich – Außer es findet sich noch ein weiteres Ideal im Leben.

In dieser Beziehung wird nicht nur von Offenheit geredet. Sie wird praktiziert. Gegenseitiges Vertrauen führt zu einer Harmonie, die von Außenstehenden oft neidisch bewundert wird. Beide Partner müssen dazu nicht viele Abstriche machen. Sie nehmen das Gegenüber so wie es ist und müssen sich darüber keine tiefschürfenden Gedanken machen. Überhaupt sind beide mit einer Frohnatur gesegnet, die sie zu Erforschern ihrer Umwelt macht. Fernreisen und auch das Studium exotischer oder vollkommen unbekannter Gebiete liegt ihnen. Nicht selten treffen sie sich in einem interessanten Beruf, den sie dann auch weiter ausüben und sich gegenseitig fördern und unterstützen. So bleibt auch der finanzielle Gewinn nicht auf der Strecke.

Das Liebesspiel des Zwillinge-Wassermann Paares

Das Sexleben dieses Paares kann man nicht mit dem Wort „Leidenschaft" umschreiben. Leid kommt hier nicht vor. Es ist eher eine ganz tiefsitzende Verbundenheit, die die beiden schon beim ersten Mal spüren. Hier stimmt einfach alles.

Jede Berührung, jeder Kuss wirkt ungekünstelt und unverkrampft. Die Natur hat hier zwei Wesen vereint, die glücklicher nicht sein könnten. Sexuelle Spielarten gibt es für dieses Paar zwar viele, jedoch legen sie eigentlich keinen besonderen Wert auf Extravaganz. Für sie zählt die Intensität des Liebesaktes und nicht seine Ausführung. Sie lieben es, ganze Wochenenden im Bett zu verbringen und dort auch noch zu frühstücken. Oft lieben sie sich mehrmals am Tag und finden das ganz normal. In einem Wasserbett können sie sich wunderbar treiben lassen und jede Stellung auf ihre Art genießen.

Wenn man ihnen überhaupt einen Tipp mit auf den Weg geben kann, ist es dieser: „Probiert alles aus, was euch Spaß bereitet!"

Gehen einmal die Ideen aus, schauen sich Beide gerne erotische Filme an. Dabei können sie alles um sich herum vergessen und ganz in eine Fantasiewelt eintauchen. Nicht selten bekommen sie dann das Ende des Filmes überhaupt nicht mehr mit. Aber es gibt bestimmt einen weiteren Versuch.

Fische als Partner des Zwillings

Zwillinge sind redegewandt. Ein im Sternzeichen der Fische geborener Partner wird ihnen gerne zuhören. Das Paar ist selten still anzutreffen. Jedoch sollte diese Partnerschaft nicht einseitig werden. Fische sind zwar geduldige Zuhörer, jedoch wollen sie hin und wieder auch ihr Herz ausschütten. Zwillinge, die hier zu egozentrisch sind und den Anderen nie zu Wort kommen lassen, hinterlassen einen negativen Eindruck beim Fisch. Er kann zurückstecken – hat er jedoch etwas zu sagen, will er ernst genommen werden.

Zwillinge sollten nie über einen Fisch lachen. Das verärgert ihn zutiefst. Werden diese Regeln der Kommunikation beachtet, steht eine Fische-Zwillinge-Beziehung unter einem guten Stern. Die Beiden führen ein fröhliches Leben. Schwarze Wolken ziehen selten auf. Stellt sich schlechte Stimmung ein, ist der Unternehmungsgeist und der Optimismus beider Sternzeichen gefragt. Nur er führt aus dem Tal der negativen Launen.

Gestatten sich beide gegenseitig Freiraum, wird auch die Beziehung freier wachsen können. Enge ist Gift für beide Seelen.

Das Liebesspiel des Zwillinge-Fische Paares

Beide Partner lieben fantasievollen Sex. Hier können Hilfsmittel, wie Sexspielzeuge, aber auch ganze Arrangements, eine große Rolle spielen. Sie genießen beide in erster Linie mit den Augen. Und die visuellen Eindrücke erregen sie bis zur Ekstase. Sie können sich mit äußerster Lust dabei zusehen, wie sie sich selbst streicheln und verwöhnen.

Wenn sie es noch nie probiert haben, sich zu fotografieren oder zu filmen, sollten sie es versuchen. Es werden heiße Bilder! Nicht selten genießt das Paar auch Sex in Swinger-Clubs, wo es sich gerne zeigt und genauso gerne zusieht. Im Herzen sind Beide Voyeure, was nicht negativ gemeint ist. Ein visuelles Lustgefühl bedeutet ihnen manchmal mehr, als körperlicher Kontakt. Kommt es dazu, muss das Umfeld stimmen. Unpassende Musik oder grelles Licht führen oft zu Frust, ohne dass beide wissen, woran es eigentlich liegt. Beide sollten sich deshalb ein sehr gemütliches Liebesnest nach ihrem Geschmack bauen.

Man wird sich deshalb nicht wundern, wenn man ihr Schlafzimmer betritt: So stellt man sich eine Liebeskammer aus Tausend-und-einer-Nacht vor. Alleine der Anblick des Schlafzimmers wirkt erotisierend auf den Betrachter.

Der Jahresrhythmus der Sternzeichen

Wie beim bekannten Biorhythmus gibt es auch in der Liebe zeitweise Höhen und Tiefen. In der Partnerschaft kann es deshalb zu Hochgefühlen und Konflikten kommen, die persönlich schwer beeinflusst werden können. Manchmal denken wir, dass wir schon morgens mit dem falschen Fuß aufgestanden sind, an anderen Tagen fühlen wir uns energiegeladen und uns gelingt alles, was wir uns für diesen Tag vorgenommen haben. Wenn es uns gelingt, die innere Uhr abzulesen, die von unserem Sternzeichen beeinflusst wird, haben wir die Möglichkeit, unser Leben positiv zu beeinflussen. Nicht immer ist es vorteilhaft, sich mit aller Kraft einer inneren Stimmung entgegen zu stemmen. Wenn wir die Ursache jedoch kennen, können wir auch mit unseren Schwächen behutsamer umgehen und sie lieben lernen.

Wir sind eine Einheit aus Geist und Körper. Wenn etwas aus dem Gleichgewicht gerät und eine Seite elementar vernachlässigt wird, hat das oft gesundheitliche Probleme zur Folge. Um dieser Gefahr vorzubeugen, genügt es, seine innere Stimme lesen zu lernen um seine Reserven besser abschätzen zu können.

Die folgenden Diagramme helfen dabei, unbewusste Schwächen und Höhen des Sternzeichens im Jahresverlauf zu erkennen – auch wenn sie zum jeweiligen Zeitpunkt vielleicht nicht offensichtlich sind. Ist eine Kurve im Tal, bedeutet das nicht, dass es zur Zeit unmöglich ist, gewisse Dinge trotzdem in Angriff zu nehmen. Im Gegenteil: Es sollte Motivation geben, die zur Zeit vernachlässigten Bereiche in Eigeninitiative zum Positiven zu wenden.

Die Sterne beeinflussen zwar unser Leben, jedoch können wir eigene Richtungen und Impulse setzen, die auch in scheinbar negativen Konstellationen zu Erfolg und Glück führen können.

Libido

Diese Kurve zeigt unsere unbewusste sexuelle Energie an. Zeiten sexueller Aktivität und Kraft wechseln mit scheinbar lustlosen Momenten. In Zeiten der Hochphasen, spüren wir die sexuelle Anziehungskraft des Partners besonders stark. Wir begehren und wünschen uns begehrt zu werden. Schläft die Libido zeitweise ein, ist es an der Zeit, das Feuer neu zu entfachen.

Körper

Der eigene Körper gerät in dieser schnelllebigen Zeit oft in Vergessenheit. Oft spüren wir ihn erst, wenn er Warnsignale aussendet. Manchmal ist es dann schon zu spät, ihm wieder Erholung zu verschaffen. In Zeiten der Kraftlosigkeit empfiehlt sich Sport, Wellness und die Beschäftigung mit dem eigenen Körper.

Geist

Im Berufsleben beanspruchen wir ihn oft so stark, dass wir zu Hause nur noch unsere Ruhe haben wollen. Stress ist Gift für unsere Seele. Er wirkt sich negativ auf unsere Gesundheit aus. Viele Menschen gönnen sich zu wenig Zeit für sich selbst. Meditation und Entspannungstechniken helfen uns dabei, Krisensituationen zu meistern und wieder Energie zu tanken.

Liebe

Liebe bedeutet hier, dem Partner Aufmerksamkeit zu schenken, und ihm zuzuhören. Niemand steht seinem Partner näher als Sie selbst. Es liegt an Ihnen, Situationen zu wundervollen Momenten zu verwandeln. In diesen vertrauensvollen Phasen spüren sie das innere Band, das sie verbindet.

Zwillinge-Frau

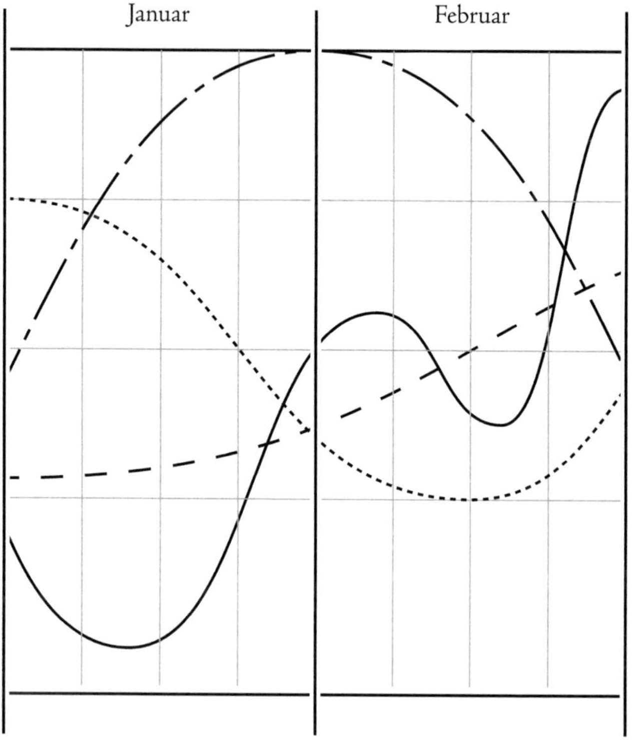

Januar	Februar

——— Libido

- - - - Körper

—·—·· Geist

················ Liebe

Zwillinge-Frau

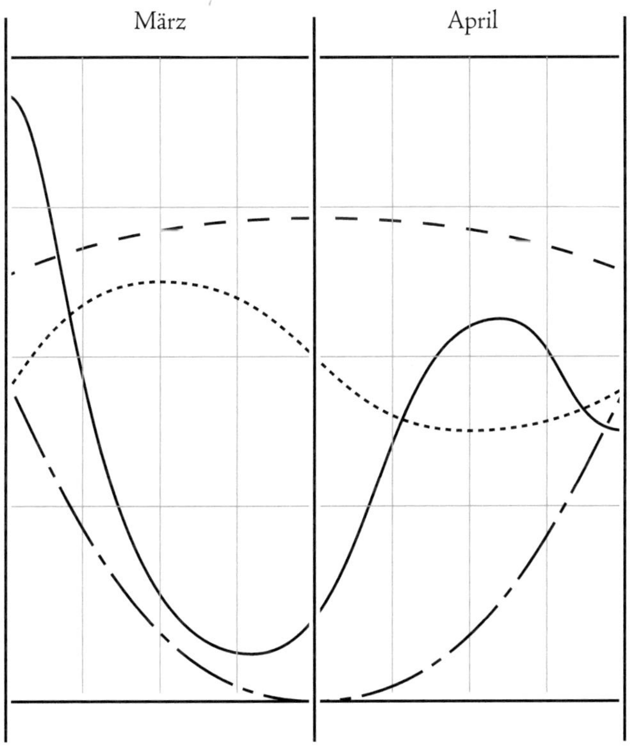

März	April

——————— Libido

– – – – – Körper

—·——·· Geist

···················· Liebe

Zwillinge-Frau

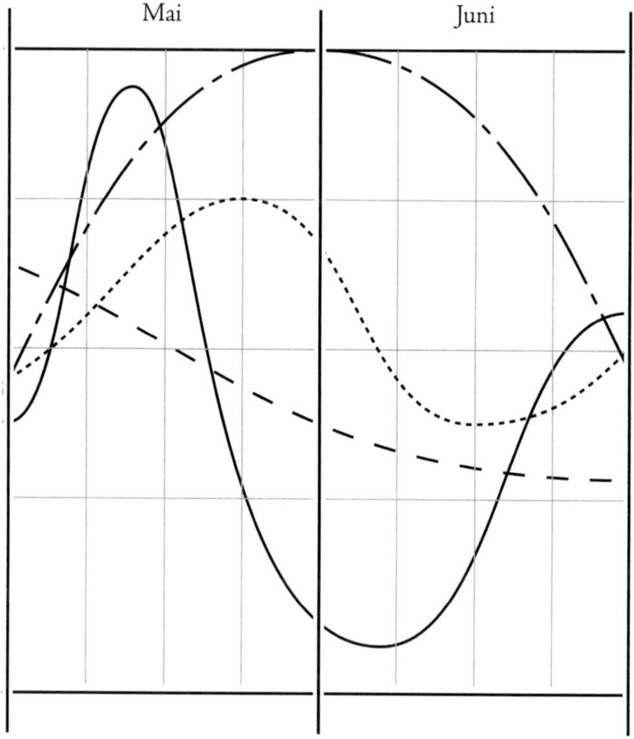

Mai	Juni

——————— Libido
— — — — Körper
——·——·· Geist
··············· Liebe

Zwillinge-Frau

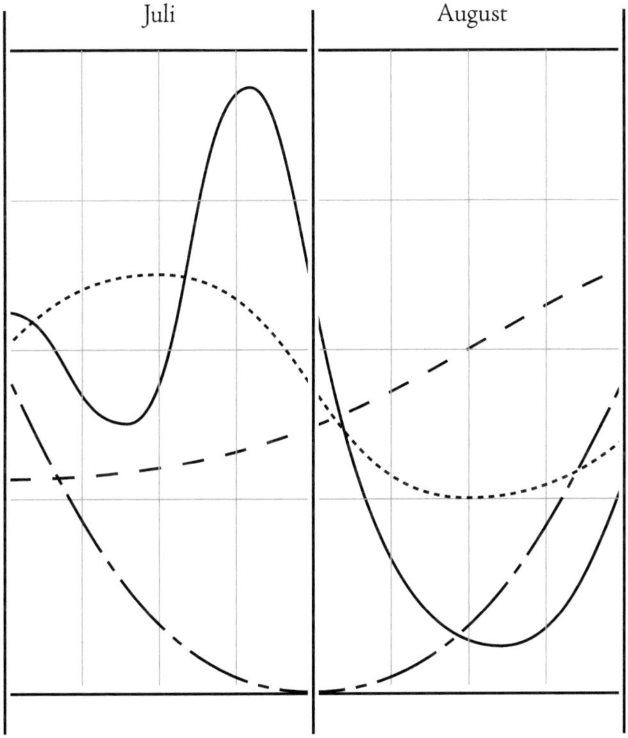

	Juli	August

———————— Libido

– – – – – Körper

–·—·—·· Geist

···················· Liebe

Zwillinge-Frau

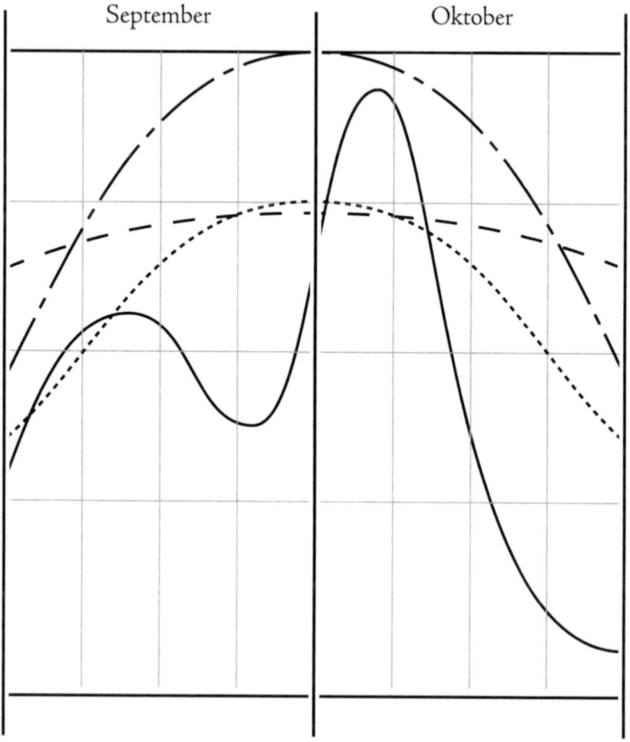

September	Oktober

——————— Libido
– – – – – Körper
—·—·—· Geist
·················· Liebe

Zwillinge-Frau

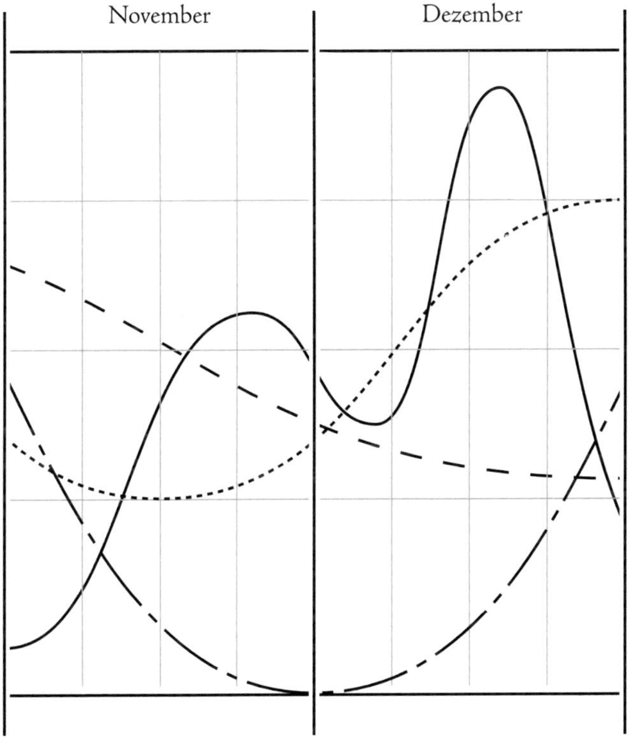

| November | Dezember |

_____ Libido

- - - - Körper

—·—·— Geist

·········· Liebe

Zwillinge-Mann

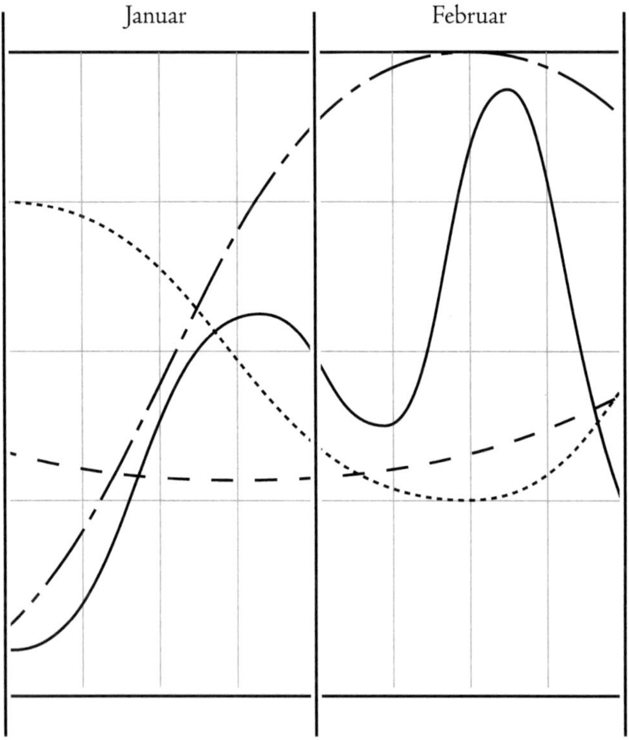

Januar	Februar

_____ Libido

- - - - - Körper

—·—·— Geist

················· Liebe

Zwillinge-Mann

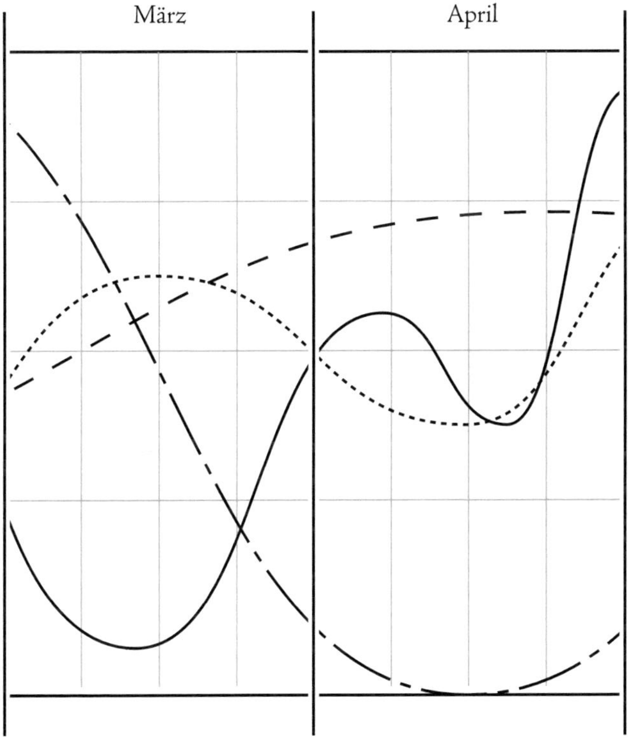

März	April

_____ Libido

– – – – – Körper

— · — · — Geist

·················· Liebe

Zwillinge-Mann

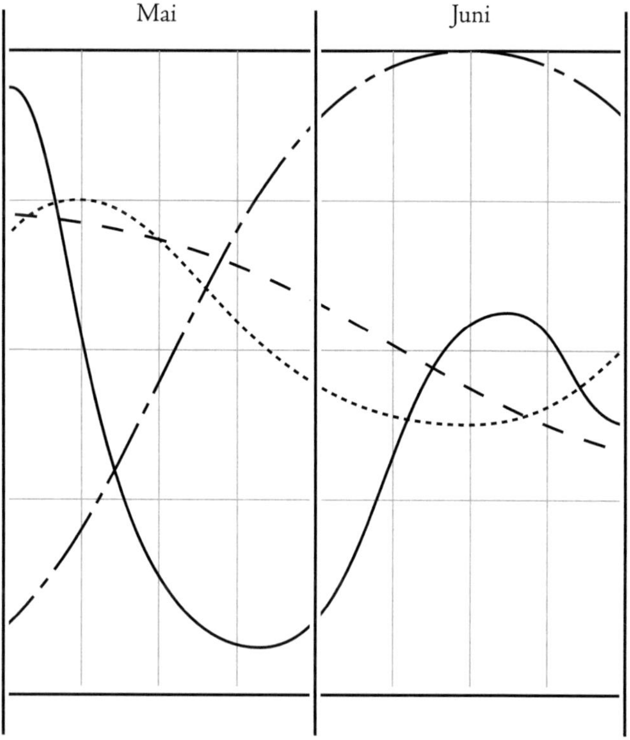

Mai	Juni

——————— Libido

– – – – – Körper

—·—·— Geist

·············· Liebe

Zwillinge-Mann

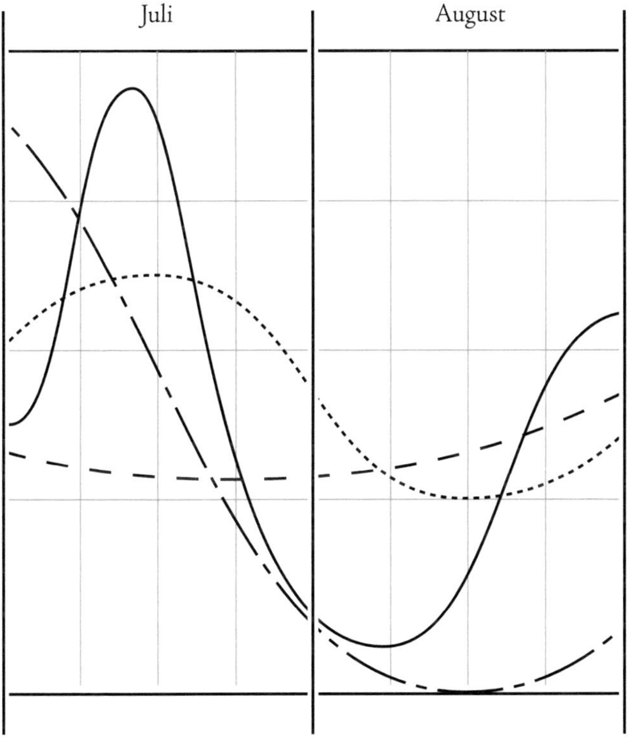

	Juli	August

———— Libido

– – – – Körper

—·—·— Geist

················ Liebe

Zwillinge-Mann

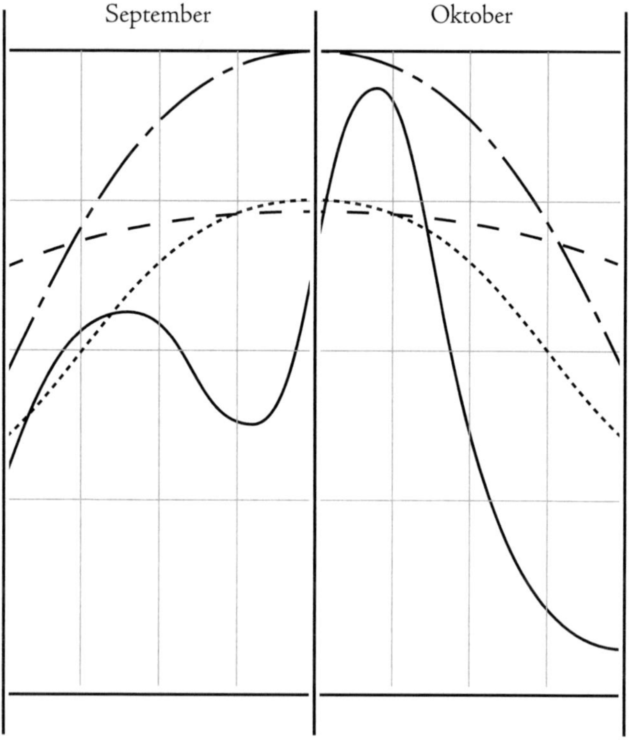

September	Oktober

——————— Libido
— — — — Körper
—·——·· Geist
················ Liebe

Zwillinge-Mann

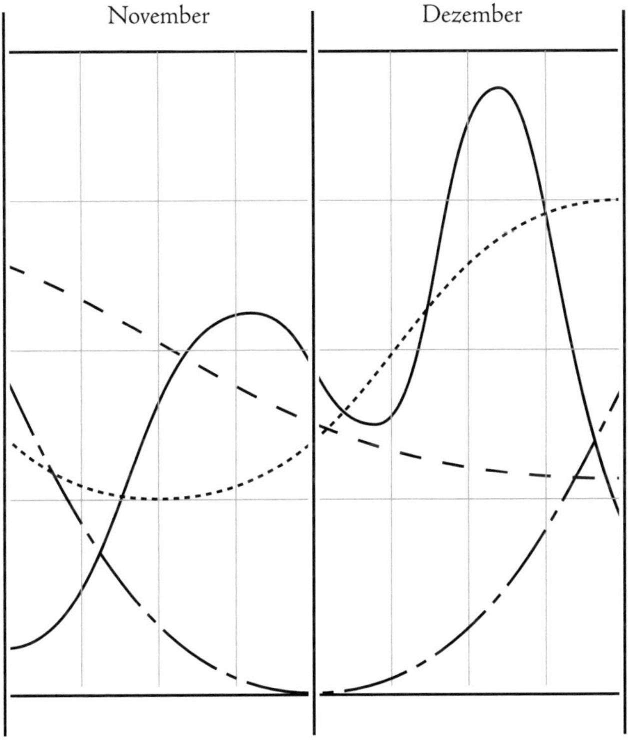

November	Dezember

———— Libido
– – – – Körper
—·—·— Geist
·············· Liebe

Literatur zu Sternzeichen und Astrologie

Hermann Meyer
Das Grundlagenwerk der psychologischen Astrologie: Erkenne
Deine Licht- und Schattenseiten und die Deiner Mitmenschen

Frances Sakoian, Louis S. Acker
Das grosse Lehrbuch der Astrologie: Wie man Horoskope stellt
und nach neuesten wissenschaftlichen Erkenntnissen Charakter
und Schicksal deutet

Hermann Meyer
Astrologie und Psychologie: Eine neue Synthese

Christopher A. Weidner, Sabine Bends
Intuitive Astrologie: Nutzen Sie Ihr inneres Wissen für tiefe
Einsichten über sich selbst

Frank Felber
Wiederkehrhoroskope: Der Schlüssel zu verborgenen Zyklen

Ingrid Zinnel
Familienkonstellationen im Horoskop: Verstrickungen und
Lösungen aus astrologischer Sicht

Literatur zu Entspannung und Sexualität

Jan Aalstedt
Der multiple Orgasmus des Mannes. So kommen Sie nicht
mehr zu früh und können mehrere Höhepunkte erleben.

Ludwig Reichenbach
Endlich mit Frauen flirten: Wie Sie lernen, Schüchternheit und
Angst vor dem Flirten mit einfachen Übungen erfolgreich selbst
zu überwinden

Ludwig Reichenbach
Endlich mit Männern flirten: Wie Sie lernen, Schüchternheit
und Angst vor dem Flirten mit einfachen Übungen erfolgreich
selbst zu überwinden

Lou Paget
Der perfekte Liebhaber: Sextechniken, die sie verrückt machen

Lou Paget
Die perfekte Liebhaberin: Sextechniken, die sie verrückt machen

Lou Paget
Der Super-Orgasmus: Höhepunkte zum Abheben

Jon Kabat-Zinn
Gesund durch Meditation: Das große Buch der Selbstheilung

David Servan-Schreiber
Die Neue Medizin der Emotionen: Stress, Angst, Depression:
Gesund werden ohne Medikamente